「結局、何が言いたいの？」
と言われない
一生使える「1分で伝わる」技術

一分鐘講清楚

從此不再被問「你到底想說什麼？」

沖本留里子／著
謝敏怡／譯

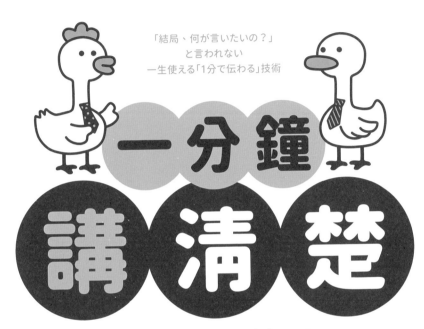

前言 獻給想把話說清楚，卻常常一場空的你

哇啊，腦袋一片空白！

你遇過被主管或客戶的問題給問倒，冒冷汗，不知道該怎麼回答的狀況嗎？

「要說什麼才好？」腦中不斷想著該怎麼辦，焦急得連話都說不清楚，心跳快到心臟彷彿就要從嘴裡跳了出來。

你拚死拚活地擠了點東西出來，想盡辦法說明，沒想到對方卻冷不防一句：

「嗯？所以你到底想說什麼？」

「是要講多久？」

咦，怎麼會這樣?!

說越多，別人越聽不懂，「所以你到底想說什麼？」這樣的回應占了大多數。

這種表達不清的情況必須能免則免！

抱歉這麼晚才跟大家報上名來，大家好，我是一分鐘溝通顧問沖本留里子。

爲解決大家職場上表達能力不足的煩惱，我以「一分鐘內說清楚講明白」爲概念，在日本全國各地舉辦研習會和演講。

除此之外，我也在大學擔任進修推廣部的講師。

最近不只是在日本，甚至還在臺灣政府主辦的活動登壇演講。

雖然電視上常常介紹我是「溝通大師」，但我並非天生就擅長表達溝通，而且正好完全相反。

我二十多歲年輕的時候，常常無法表達清楚自己的想法讓主管和客戶了解，導致工作一塌糊塗。

正因爲過去的我不善言詞，因此吃虧，現在才知道用什麼方法表達最有效、最具有重現性，對於再怎麼拙於表達的人來說也很有用。

話說回來，你爲什麼會拿起這本書呢？

想必你應該有過這樣的經驗吧？「讀過非常多溝通表達的書，但都沒有什麼效果」「書看了，也很認同裡面的做法，卻不知道該怎麼應用在現實場合？」

敬請放心！

使用本書的方法，你的表達能力會進步神速，人際關係變得更融洽，工作表現提升，深受好評，甚至有機會增加更多收入。

爲什麼我講得這麼肯定呢？因爲書中介紹的方法都是經過精挑細選，每一種方法都眞實在商場上運用過，證實眞的有效。

主持人或主播的著書，經常寫道：「講話要有抑揚頓挫」「說話時要用腹部呼吸」等，對不對？

但那些眞的是工作上必備的技能嗎？

每天大家都忙得團團轉，每個人心中應該都這麼想：**講話不需要聲音好聽有禮貌，只要簡潔有力地傳達清楚重點就好。**

也就是說，**職場上真正需要的是能隨機應變的表達技巧**，例如：遇到突然需要表達意見，或是上司臨時丟問題過來等情況。

隨機應變的表達技巧，也就是本書的主題——**「一分鐘表達術」**。

這裡簡單條列要點：

- 一開始開門見山講重點，就不會讓對方不耐煩。
- 遇到自尊心強的主管，可以借用「偉人的經典名言」。
- 設定一個優厚的「前提條件」，讓對方拒絕不了你。

這些技巧乍看之下可能讓人覺得一頭霧水，但是請放心，本書將詳細說明，每個方法都很簡單，人人都能做到。

我在研習營上傳授這些表達技巧，學員的迴響熱烈，感謝的聲音和回饋不斷。

● 平常總說自己很忙的上司，竟然願意聽我說話，還認真地做筆記。真是太感謝了！

● 我把您說的表達技巧，用在升遷的人事面談，成功升上課長了。

● 我模仿沖本老師教的表達技巧，短短三個月內，抽成制的月薪翻倍！從一個月不到一百萬，成長至每個月至少三百萬起跳。

你想不想知道是什麼樣的「表達技巧」，能爲工作和人際關係帶來如此劇烈的改變呢？

就讓我們趕快開始來看，今天馬上可以用、而且眞的有用的表達技巧有哪些吧。

CONYENTS 目次

CONYENTS 目次

CONYENTS 目次

第三章 用結果法，拉近跟所有人的距離

第四章 一點也不費力，還能讓人按你意思行動的因爲所以法

序章

你是不是
心中有好多話想說，
卻怎麼都講不清楚呢？

以為自己講得很清楚，別人卻一頭霧水的原因

努力說明了老半天，對方卻反應：「所以你到底想說什麼？」
以爲自己講得很清楚，別人卻根本沒聽進去。
「我說過了」，對方卻回「你哪有說」。

你有沒有遇過覺得自己講得很清楚，對方卻聽不懂而感到困擾呢？
資訊的傳遞方和接收方之間的認知落差，究竟是怎麼產生的？
這種困境大多是因爲，**資訊傳遞方過度信任和期待接收方的理解能力**。

每個人的價值觀和前提條件，會因爲不同的人生經歷而有所不同。所以你腦袋裡想的東西和感受，不說清楚，別人是不會明白的。

請你做一件事情。

「準備一張A4紙和一枝筆，在紙上畫一個圓。」

好，你畫出來的圓長什麼樣子呢？

我希望你畫的圓長這樣。（見下頁）

我想像的圓

用橘色的筆，畫出直徑六公分的圓。

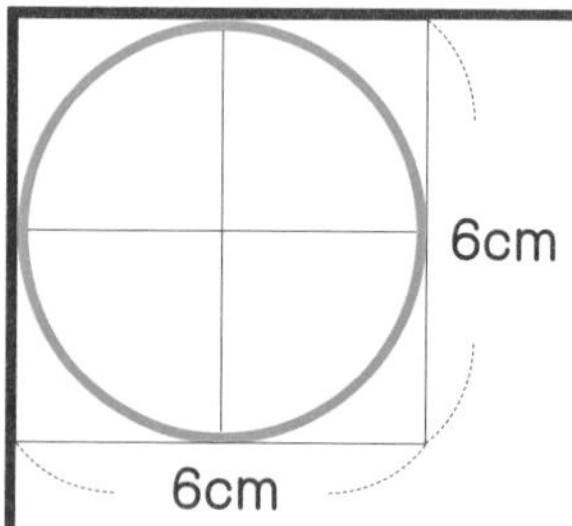

請跟你畫的圓比比看。

圓的大小、位置和顏色，跟我想的圓一樣嗎？

你畫出來的圓，符合我期待的機率，恐怕近乎為零。

講話簡潔有力是好事。

但我剛才的說明方式，沒有正確地傳達最低底線的必要資訊，例如：圓的大小、畫的位置和顏色。

畫圓的時候，不知道要畫在哪個位置；或是沒辦法向指示方確認，很無奈只好按自己意思畫的人，傾聽能力都很高。

但大部分的人聽到「請準備一枝筆」，大多會直覺地認定對方講的就是黑色的筆。

然後毫不猶豫用黑色的筆，在紙的正中央畫圓，而且還畫得很大，幾乎把整張紙占滿。

假如這種情況出現在職場上會怎麼樣呢？

是不是很有可能會產生巨大的損失？

比方說，原本想進十個單價兩萬日圓的貨，對方卻送來一百個，這樣是不是會嚇死人？

但進貨的廠商是做批發的，一次賣一組，一組有十個。跟廠商東拉西扯講了老半天，最後隨便一句「那我買十份」，廠商誤以為十份是十組，送來全部一百個的貨也不奇怪。

假如是人命關天的醫療或交通相關工作，溝通不良造成的影響，恐怕更難以想像。

這不是賠一筆巨額費用就可以解決的。

以為自己講清楚了，對方卻一點也不明白的情況，其實非常危險。

「一分鐘內說清楚」是鐵則！

該怎麼做才能消除溝通上的認知落差呢？

假如希望對方好好聽你說話，按你的意思行動，就必須在一分鐘以內，把最低限度的內容說明清楚。

我在研習營實際問大家：

「假如你聽別人說話，希望對方幾分鐘以內說明清楚？一分鐘？三分鐘？還是五分鐘？」

有九成以上的人都回答一分鐘。

之所以如此是因爲大家最近使用LINE這類通訊軟體時，一個貼圖就可以表達心情或狀況，落落長的說明，反而讓人不太習慣。

紹。

舉例來說，請想像你去參加十個人的聚餐，聚會約兩小時，每個人要自我介紹。

假如一個人自我介紹五分鐘，十個人就必須花費五十分鐘。聽到第三個人，應該就會感到煩躁了吧。

有些人可能太想讓其他人認識自己，想說的太多，結果東講一點西講一點、沒完沒了，最後也搞不清楚自己在講什麼。

這就是所謂的反效果。

話又臭又長、不知道到底想表達什麼，容易讓聽者漏聽、誤解，或是按自己的意思解釋。

因此，說話者必須彙整想表達的內容，避免自己與對方的認知出現落差，而**不要聽者自己去彙整你在講什麼。**

必須隨機應變時，用「框架」來表達意見

剛才說明了說話者必須彙整內容的重要性，但商場上很多時候必須隨機應變、馬上表達意見。

在會議上突然被問「針對這個意見你有什麼想法？」或是事前準備了豐富的簡報，聽者卻來個出乎意料的提問，這些情況都很有可能發生。

遇到這種必須隨機應變的情況，該怎麼做才能清楚表達自己的想法呢？

我們可以利用一個非常好的工具——**「框架」**。

必須隨機應變地表達意見時，利用事前架構好的框架來思考，講出來的話就會是好懂、好理解的內容。

讓我們試試看比較一下框架有無，對表達意見的差異。

「這個地方最近在年輕人之間口碑極佳，同事們聊天時，也曾提到想在那邊開派對，場地離車站很近、非常方便，下雨不會被淋濕，離公司也近，也不是什麼默默無名的地方，約這裡大家一定找得到路。但這邊很受歡迎，所以價格有點高。不過我看之前拿到的傳單，開幕才三週年，場地應該還很新，而且有打七折的活動，誓師會預定日剛好在活動期間，所以很便宜，算一算價格在預算之內，訂這裡應該沒問題。而且更厲害的是，這個飯店榮獲二十多歲年輕人票選最愛第三名，非常受年輕世代歡迎，是個非常好的場地。所以我覺得可以選在ASTRO飯店。」

這個人拚命把想得到的理由全部說了出來，但內容鬆散沒架構，根本不知道他想說什麼對不對？

如果使用**「重點兩三個」**框架，可以整理成這樣：

「我建議誓師會可以選在ASTRO飯店舉辦，理由有三個。第一，交通便利；第二，價格實惠；第三，評價高。第一個理由交通便利，飯店距離車站走路一分鐘，從公司走過去也只要六分鐘。第二個理由價格實惠，現在有打七折的活動，剛好在預算內。第三個理由是評價高，飯店場地榮獲年輕世代票選最愛第三名。綜合以上交通便利、價格實惠、評價高這三個理由，我建議誓師會選在ASTRO飯店舉辦。」

這樣表達，聽起來如何？

是不是覺得有條有理，重點清楚明白呢？

使用「框架」表達意見，好處就在於好理解，無論是說話者還是聽者都容易記住重點。

本書將依序分章介紹四個「表達框架」，希望各位能熟記。

第一章介紹**「重點兩三個」**框架，幫助各位消弭溝通上的認知落差，奠定表達溝通的基礎。

想到什麼就講什麼的人，也能運用這個表達框架，把想說的話整理成簡潔有力的重點。

第二章的重點不在於如何說服別人，而是著重在怎麼獲得他人的認同。這裡使用的框架是**「兩面法」**，能有效幫助你從愛唱反調的人那裡獲得支持。

第三章學的是無須費口舌，就能提升好感度的表達方法。

這裡使用的框架是**「結果法」**，尤其適合應用在激勵對方的時候。

第四章是讓身邊的人主動採取行動的方法。

這裡使用的框架是**「因為所以法」**，利用具體實例，讓對方想像出具體圖像。

這些方法乍看之下好像很難，但請放心，每一個都非常簡單，簡單到你甚至會感到疑惑：「這樣做就好了嗎？」

就讓我們趕快進入第一章吧！

一個表達小技巧，大幅提升「價格談判」的成功機率！

這本書介紹的技巧，其實有七成以上都是我從金錢交易的場合，也就是買東西的時候學會的。

這是我20多歲到大阪日本橋的電器行購物時發生的事情。

「這個價格……可以再算我便宜一點嗎？」我好不容易提出勇氣殺價，卻得到「沒法度啦」的無情拒絕。

結完帳，沮喪地往前走了幾步，突然聽到排在我後面的男性跟店員說：「這東西○○日圓以下我就買。」

我議價遭到拒絕，但那位先生竟然殺價成功，得到折扣。

那瞬間，我發現了一件很重要的事情，那就是光明正大說出具體期望的折扣金額，比曖昧不明的暗示要來得有效。

我之後把這招用在其他店家，也獲得了折扣，非常心滿意足。

像這樣，失敗了就改善，成功了就把方法應用到其他地方。希望各位無論是在職場上還是私生活，都可以嘗試接下來要說明的表達技巧，不斷精進自己的表達能力。

第一章

重點兩三個，
一聽就懂

範例 1 講越多，對方越沒耐性

✕ 常見的錯誤範例

下屬：「課長，前幾天不是天氣突然變差、下大雨嗎？那天附近有活動，多虧那個活動，我們餐廳擠滿了人，店門口排了十幾個人。在那麼忙的時候，卻有客人來問，這道菜用什麼食材？」

課長：「所以是客訴嗎？」

下屬：「不是不是……因為我不知道詳細有哪些食材，所以跟菜單管理者確認。確認完後，又有其他客人問其他菜的食材。所以我想說，可以在菜單上標示，方便客人確認。」

課長：「哎喲，原來是提案。你一開始先講清楚嘛……」

方法

1

一開始就開門見山，說清楚接下來想講什麼

被認爲講話不清不楚的人，大多是按時間順序想到什麼講什麼。

像剛才的例子，站在課長的立場，一開始恐怕會以爲下屬只是在跟他聊天氣。

如此一來，聽者的大腦會從天氣聯想到跟自己相關的場景。

「話說回來，那天下雨，洗好的衣服曬在陽臺沒收進來，回到家之後又重新洗了一次。今天天氣看起來也不太好，出門前眞該看一下氣象預報。」

「那天我以爲從中午開始會變暖，結果衣服穿太少，今天應該要多帶一件毛線衣才對。」

「好在那天有記得帶傘，所以沒有淋濕。」

像這樣，聯想到的畫面會妨礙聽者的注意力，使人無法集中精神聽說話者接下來要講的事情。

這次課長以爲是有客訴，聽到一半向說話者確認。但有時也會遇到聽者不做任何確認，先入爲主地誤以爲對方講的就是客訴的情況。

最後被無關的內容牽著走，而忽略了最重要的內容——也就是說話者的提案。

就算聽完對方說話，也很容易因爲不知道對方到底講什麼，而備感壓力。在那種感到壓力、不耐煩的情況下，本來應該很受歡迎的提案，恐怕也無法獲得採納。

實際上，我曾在研習營問過大家：「什麼樣的表達方式會讓你感到壓力？」回答「不知道對方想表達什麼」的學員占了絕大部分。

所以講話的時候，請在開頭先用一句話告知大家「你到底想講什麼」。

這句話，是你想講的內容中「最重要的部分」。

請想想看，假如有人請你用一句話說清楚講明白，重要度最高的會是什麼？

你想說的是提案？報告？還是商量？

開頭用一句話說明最重要的內容，對方就會把你接下來講的話，跟一開始點明的主題連結在一起。

「課長！我有個提案，我想讓客人知道菜單使用了什麼食材。」

只要開頭一句話講清楚，課長就會把你接下來講的跟提案連結在一起。

開頭一句話點明想說的重點，別人就不會搞不懂你想說什麼，也不會問你：

「所以你到底想說什麼？」

優秀的參考範例

下屬：「課長！我有個提案，我想讓客人知道菜單使用了什麼食材。前幾天不是天氣突然變差、下大雨嗎？那天附近有活動，多虧那個活動，我們的餐廳擠滿了人，店門口排了十幾個人。在那麼忙的時候，卻有客人來問：這道菜裡面用了什麼食材？因為我不知道有哪些食材，所以跟菜單管理者確認。確認完後，又有其他客人問其他菜的食材。所以我想可以在菜單上標示食材，方便客人確認。」

POINT

「開口第一句話」定勝負。

範例2 總是被問：「嗯？你在說什麼？」

✕ 常見的錯誤範例

課長：「有沒有人有其他意見？」

下屬：**「有的，課長！我希望讓客人了解料理用了哪些食材，減少過敏體質客人的不安。」**

課長：「不安？什麼不安？」

方法

2

為對方做好心理準備

如同前一章節所說明，講話開門見山說清楚講明白，能做到這點已經很好。

但在開門見山那句話再下點工夫，別人可以更輕鬆快速地理解你的想法。

因爲當你說話時，對方很可能正在想其他事情。

請把溝通想成是傳球。

假如有人突然把球丟過來，有多少人能瞬間接住呢？

假如是我，很可能接不到，球直接打在身上，整個人倒地滾到其他地方。

或是爲了躲球，整個人飛出去，不知道滾去哪裡。

人與人之間的對話也是一樣的道理。

爲了讓對方有心理準備，專心聽自己講話，說話要從「結論」講起。

「課長，我有個提案！希望客人一看菜單，就知道料理用了哪些食材。」

只要開頭先講清楚接下來要講的是「提案」，聽者就能把你後面要講的東西，統統跟提案連結在一起。

雖然只是短短一句話，卻能幫助對方了解「接下來的重點是什麼」，**為對方做好心理準備非常重要。**

比方說，有人說了一句「山口」，「山口」到底指的是名字、地址，還是出生地？

假如對方開頭先說「我的名字叫……」聽者就會有心理準備：「接下來的內容跟名字有關」。

假如對方開頭先說「我的出生地是……」聽者就會做好心理準備：「接下來的內容跟出生地有關」，把聽到的跟出生地連結在一起。

我們講話最後都會有結論，而開頭先從結論講起，能讓對方了解接下來要講的主題是什麼，把聽到的跟主題連結在一起。

說話時最好從結論開始講，例如：「有事相求」「有事想跟您報告」「理由在於」「根據在於」「尺寸是」等。

請務必試著在表達方式下點工夫，讓聽者就算中途出神，也能瞬間進入狀況。

優秀的參考範例

下屬：「課長！我有個提案！希望客人一看菜單，就知道料理用了哪些食材。理由在於減少過敏體質客人的不安。」

POINT

凡事「從結論開始說」準沒錯。

一句話說清楚，幫聽者做好心理準備

△ 「嗯？你說什麼？」
讓人一頭霧水，差強人意的表達方式

我希望讓客人了解料理用了哪些食材，減少過敏體質客人的不安。

琢磨表達內容，
讓人一聽就懂！

我有個提案！ 一句話結論

希望客人一看菜單，就知道料理用了哪些食材。

（稍微在表達方式下點工夫，
讓你說的話變得超級好懂！）

範例 3

常常被說：「我聽不懂你想講什麼。」

╳ 常見的錯誤範例

「夏季連假我想請在九月，因為包含特休可以休十天，然後我想到韓國玩八天，因為便宜又很近，所以現在正在找要去韓國哪裡玩。」

方法 3

連接詞不要多，一個就好

「然後」「所以」「但是」等連接詞一多，聽者的注意力就容易被連接詞牽走，很難專心聽說話者在講什麼。

有趣的是，有些人只要開始用了連接詞「然後」，整段話就會不斷地充滿「然後」。

一旦養成這種說話習慣，話就會變得落落長，而且本人一點也不自覺。

就我長年的觀察經驗，**「說話冗長」「不曉得自己想說什麼」的人，共通點就是連接詞很多**。

電視的評論專家或是參與訪談的知名人物，講話冗長的大有人在。

爲了讓人輕鬆理解自己想講什麼，盡量避免一句話使用過多的連接詞。

經常使用連接詞口頭禪的人，請限制自己「一句話一個連接詞就好」。

優秀的參考範例

「夏季連假我想請在九月，因為包含特休可以休十天。我想到韓國玩八天，去韓國玩便宜又很近，現在正在找要去韓國哪裡玩。」

POINT

當你覺得連接詞越用越多時，請斷句，把話說到一個段落。

範例 4

爲什麼大家都不好好聽我說話？

✕ 常見的錯誤範例

「大家好！那個，我叫石黑奈穗美，嗯出生地是岡山縣，嗯我進公司第一年，嗯隸屬總務部，嗯喜歡電影和料理，嗯現在住在練馬區，最近對跳舞有興趣，雖然不擅長運動，但很想試試看，所以今天參加了這個體驗課，請大家多多指教。」

方法

4

把想講的內容精簡成一個重點

你有沒有遇過中途毫無斷句、又臭又長的自我介紹呢？

每一句都聽得懂，但全部連在一起後，卻讓人不知道重點在哪。

剛才的範例，的確每一句都跟自我介紹有關，沒有脫離主題。

但請站在聽者的立場想想，那樣的內容要聽五到十分鐘。

最初的十秒鐘可能聽得進去，但很快地，腦袋會漸漸聽不到對方在說什麼。

必須集中精神才有辦法聽進去的內容，會讓人越聽越累，無法在腦海中留下印象。

請想像你去飯店吃自助餐吃到飽。

請在一個盤子上裝咖哩、炒麵和生菜沙拉。

然後再放上味噌湯、雞蛋卷、壽司、哈密瓜、鳳梨、杏仁豆腐和草莓蛋糕。

假如裝盛了這麼多道菜的盤子送到你面前，你覺得如何？

若每一道菜都分開盛盤，看起來不但美觀美味，也讓人比較有胃口，不是嗎？

說話也是同樣的道理，為了讓聽者好理解，請把想講的話分段區分。

比方說，假如你想介紹自己的名字，一句話就只講名字；假如你想介紹興趣，一句話當中就只提自己喜歡的東西。

一句話裡面，可以只講出生地，或是把出生地和現在住哪裡彙整在一起。

「我的出生地是岡山縣，現在住在東京練馬區。」

「我在岡山縣出生，現住在東京練馬區。」

像這樣，句子越精簡越好。

優秀的參考範例

「大家好！嗯……我叫石黑奈穗美，在岡山縣出生，現住在東京練馬區。進公司工作第一年，隸屬總務部。我喜歡電影和料理，最近也對跳舞很有興趣。雖然不擅長運動，但很想試試看，所以今天參加了體驗課。請大家多多指教。」

POINT

把想說的話分段區分。

範例 5

話才剛說完，對方馬上就忘記

╳ 常見的錯誤範例

新人：「新產品的說明會，該怎麼準備呢？」

前輩：**「第一步就是確認產品目錄、問卷和筆的總數量，接著把這三種東西分成一組，放進信封袋裡。放進信封袋之後，先不要封起來，只要把兩百個裝了東西的信封放在每一張桌子上就好。我剛進公司的時候就曾在這些失誤上浪費寶貴的時間，被課長釘得滿頭包。明明是很簡單的工作，卻受到嚴厲的斥責，到現在只要聚餐，還是會被課長嘮叨一頓。」**

方法

5 重點要在開頭和結尾各說一次

新人做完這項工作之後，被課長罵了一頓。

因爲信封包完後，發現多了一本產品目錄，問卷少了三份。

結果，新人犯了跟前輩一樣的錯誤，浪費了寶貴的時間。

工作內容很簡單，而且前輩爲了避免後輩犯下跟自己一樣的錯誤，還鉅細靡遺地說明了該怎麼做。前輩的說明方式，要怎麼改善才好呢？

「第一步就是確認產品目錄、問卷和筆的總數量，接著把這三種東西分成一組，放進信封袋裡。」

前輩一開始就把最重要的地方，也就是結論講清楚了，這點非常棒。

但我們人類是容易遺忘的動物。
我不是在自誇，跟人說話時常常三十秒前講的東西馬上就會忘記，常常重問對方：「嗯……剛才說的可以再講一次嗎？」
跟共事的夥伴也一樣，常常別人話才剛說完，我馬上就忘記剛才的內容。
也就是說，**聽者在聽的過程中，很可能會把最初聽到的內容忘了。**
因此，話講完後，必須把開頭的重點再說一次。

優秀的參考範例

前輩：「第一步就是確認產品目錄、問卷和筆的總數量，接著把這三種東西分成一組，放進信封袋裡。放進信封袋之後，先不要封起來，只要把兩百個裝了東西的信封放在每一張桌子上就好。我剛進公司的時候就曾在這些失誤上浪費寶貴的時間，被課長釘得滿頭包。明明是很簡單的工作，卻受到嚴厲的斥責，到現在只要聚餐，還是會被課長嘮叨一頓。所以，第一步就是確認產品目錄、問卷和筆的總數量，接著把這三種東西分成一組，放進信封袋裡。」

POINT

忘記三十秒前的事情很正常，所以重點要頭尾各講一次。

範例 6 面對「突如其來的問題」慌了手腳

✕ 常見的錯誤範例

課長：「你趕上會議了嗎？」

下屬：**「今天下雨，如果塞車就麻煩了，所以我提早出門。但途中電車誤點，感覺到客戶那邊會遲到，想說如果改搭計程車應該有機會趕上，就跑到計程車招呼站，結果招呼站大排長龍。」**

課長：「所以，沒趕上會議嗎？」

下屬：「趕上了。我運氣很好，營業二課同梯的山內剛好開車經過，我說下次請他吃午餐，拜託他載我一程，因此趕上了跟客人的會議。」

方法

6

精準回答問題的訣竅

問了問題，對方卻遲遲不正面回答，會讓人很煩躁。

會這樣令人煩躁的人，提問力大多很低落。

掌握好如何回答問題，要聽清楚對方到底問什麼再回答。

提問大致分成兩個種類。

封閉式提問，例如：你喜歡蜜柑嗎？

開放式提問，例如：你喜歡什麼水果？

※還有一種是選擇式提問，例如：「蜜柑和哈密瓜，你喜歡哪一個？」

「你趕上會議了嗎？」這種問題屬於封閉式提問，必須一開始就先回答

「是」或「否」。

這次下屬趕上會議了，所以回答「趕上了」就好。但爲了避免對方產生誤解，「是的。我趕上會議了。」這樣回答更清楚明白。

假如問題是「你沒趕上會議嗎？」答案就是「否」。「不，我趕上會議了。」這樣回答比較保險。

優秀的參考範例

下屬：「是的。我趕上會議了。」

這樣回答就夠了。

想稍微補充說明什麼的時候，可以在回答完問題之後，補充跟工作或職場相關的內容。

例如，

下屬：「是的。我趕上會議了。營業二課同梯的山內剛好開車經過，我說下次請他吃午餐，拜託他載我一程。」

POINT

面對突如其來的問題不慌張，聽清楚問題再回答。

範例 7

明明指示得很清楚，對方卻頻頻出錯

✕ 常見的錯誤範例

同事A：「麻煩你幫忙一下贈獎活動的事前準備，組一些小箱子，多買一些蝴蝶結。然後可以幫我把那些東西放進大紙箱裡保管嗎？」

同事B：「好喔，有空的時候幫你弄。」

方法

7

使用相同的量尺標準，預防認知落差

這種表達方式，不出問題也難。

因為聽者會在腦袋裡按自己的標準來解釋。

最後落得如此下場──「我明明不是請他準備這麼小的箱子」，或是「需要更長一點的蝴蝶結」等，浪費彼此的時間和勞力。

你想像的大箱子和小箱子，尺寸是多大多小呢？

多一點、少一點的量又是多少呢？

長一點、短一點的長度，輕重的重量，你的標準跟我的標準是一樣的嗎？

「請您稍等」的「稍等」，對有些人來說是一分鐘，對另一些人來說是五分鐘，甚至有時候會是十天或一個月。

也就是說，自己與他人的量尺標準不同。

因此，使用共通的量尺標準，不但非常方便，也能消弭認知的落差。

這是我以前遇過的眞實案例。我在某間餐廳吃飯，請店員「幫我續一點飯」，結果店家大放送，幫我添了一大碗飯。

因爲是請人續飯，所以我硬是勉強自己把飯全部吃光光，但吃得非常痛苦，都快吐出來了。

從那天開始，續飯時我都會清楚明白地用數字指出，例如：「這個碗的三分之二或二分之一。」

比如說，「跟○○相比，長寬都長十公分」「數量比之前用的少三成」「仲介費爲營業額的三○%」等，**使用任何人測出來的結果都一樣的量尺很重要**。

順帶一提，剛才說的「數量比之前用的少三成」，可以表達得再精確一點，但這樣就必須回頭找過去的實際數字。

希望對方去比較之前的數字或是找資料，而不想自己去找的時候，可以試著用比例來表達。

優秀的參考範例

同事A：「麻煩你幫忙一下贈獎活動的事前準備，組一些十五公分的正方形小箱子，數量大概是之前的三成左右。買三十個寬兩公分、長二．五公分的蝴蝶結。然後可以幫我把那些東西放進尺寸一七〇的紙箱裡，保管到下個月嗎？」

POINT

指出具體的數字，讓所有人的認知都落在同一條線上。

範例 8 話怎麼都牛頭不對馬嘴……

╳ 常見的錯誤範例

「attend那件事情已經reschedule了。別的client要求我們，針對之前提交的資料提出evidence。課長說，response太慢不好，最好直接找負責窗口說明，所以我正要跟對方appoint。」

方法

8

說話禁止中英文夾雜

講話參雜英文看似很有國際觀，但我只想問：「你是長住國外，太久沒講中文了嗎？」

假如說英文，意思有通還好，但我懷疑對方眞的聽得懂嗎？

問說話者和聽者同一句英文是什麼意思，九十九%雙方會回答不一樣的答案，這麼說一點也不誇張。

比方說，「communication」是什麼意思呢？

你可以做個小實驗，去問問同部門的A和B，或是A部門和B部門的人，甚至去問同業界A公司和B公司的人。

我在研習營問這個問題，每個人都回答得沒什麼自信，而且答案都不一樣：

「良好的人際關係……」「相互理解……」「雙向……」

因此，尤其在工作上，爲避免文字解釋出現歧異，請使用簡單好懂的文字。

假如無論如何都想使用英文，請先定義「我所說的○○指的是○○的意思」，在一開始就說明清楚。

此外，工作會議等場合，當有人使用英文、專業術語、業界用語時，建議要確認清楚意思，**「請問您剛才所說的○○，指的是什麼意思？為避免解讀錯誤，想跟您確認一下。」**

「○○是什麼意思？」這種問法，容易讓對方覺得「什麼嘛，這傢伙連○○是什麼也不知道」，確認意思時要留意問法。

順帶一提，就算你一開始就問對方英文的意思，過一小時後再問一次，得到的答案也很有可能不一樣，請多小心。

優秀的參考範例

「陪同拜訪那件事情在調整日程了。有其他客戶要求我們，針對之前提交的資料提出證明。課長說，回應太慢不好，最好直接找負責窗口說明，所以我正要跟對方約時間。」

POINT

把英文、專業術語、業界用語，統統換成大家都懂的語言。

範例 9

想說的東西太多，內容發散沒重點

✕ 常見的錯誤範例

「最近西裝穿起來有點緊，做健康檢查時，醫生也說我的體脂肪有點高，所以今年的個人目標之一就是減肥、打造健康的身體，現在我都會去上班路上的健身房健身。希望可以瘦下來，不用買新的西裝。

另外就是我進公司前的目標——到海外事業部工作，希望能精進我的英語能力，所以在考慮上線上英文課。聽說公司有補助，不好好善加利用一下不行。雖然我也想學其他語言，但還是想先把英文學好。

還有就是，之前在公司做簡報，簡報資料被批得體無完膚，有人請我想辦法改善我的簡報，所以想跟大家請益好好學習一下。」

方法 9

重點兩三個法，幫你把思緒整理得有條有理

幹勁十足、認眞很好，但想表達的東西太多，說出來的內容反而顯得雜亂無章沒有重點。

說話時組織鬆散，話便容易變得冗長、沒重點。

而且想到什麼講什麼，使聽者必須自己整理聽到的內容。

整理別人雜亂無章的內容，是相當消耗心力的事情，而且聽者很有可能會以對自己有利的方式來解讀，或是斷章取義。

所以，**不要讓聽者自己彙整聽到的內容，說話者要把想講的整理好再說出來。**

事先想好要表達的內容當然最好。

但遇到突如其來的問題，必須隨機應變時，沒辦法事先做好準備，就要邊說邊整理。

這時，建議事先準備好表達框架，把想說的一一放入框架，邊想邊說。

「重點兩三個法」即是便於表達的框架之一。這個框架可以依據以下三個步驟使用。

步驟①　一開始就講清楚重點有幾個

一開始就跟聽者講清楚有幾個重點。

「我今年的個人目標有三個。」

假如有十個要點，一開始就要跟大家說清楚有十點，讓聽者做好心理準備。

只不過，聽到竟然有十個要點，恐怕會嚇到，讓人一開始就不想仔細聽。

從心理學來說，人一次最多只聽得進去三個重點。

「點、踏、跳」「好吃、便宜、快速」「紅色、藍色、黃色」，像這樣一次只講三個重點，比較容易留下記憶。

所以，當你有多個想表達的事情，請限縮重點，至多不超過三個。

「這個商品的特徵有三個。」

「問題點有三個。」

「今天報告的內容有三點。」

事先傳達有幾個重點後，接下來只要仔細聽三個重點就好，聽者掌握得到狀況，也能感到安心。

步驟② 單字表達，鏗鏘有力

接著，用單字說明接下來的三個重點。

「第一個是身體，第二個是英語會話，第三個是簡報。」

在這階段的表達訣竅在於，**將重點用單字帶過去就好，盡可能不把內容說得**

太細。

很多人喜歡長篇大論，但一開始只用單字說明，更能引發聽者的興趣。這個方法舉例來說，就像書的目錄。

快速掃過目錄，假如看到有興趣的關鍵字，就會想仔細看看裡面講什麼。

但再怎麼強調用單字說明重點，還是很容易以整句話的方式表達，要特別留意。

比方說，你不小心說出「打造健康的身體」，這時大家就會知道你想講什麼，反而容易讓人對後面要說的內容失去興趣。

然而，假如你只說「身體」，聽者就會覺得「身體什麼？」「什麼意思？」對接下來要講的東西產生興趣，比較能專心聽你講話。

再者，單字簡短有力，容易留下印象也是目的之一。提示重點時，講得越清楚、句子越長，越不容易在別人腦海中留下印象。

步驟③ 個別詳細說明單字內容

引發聽眾的興趣後，再一個個詳細地說明單字的內容。

「第一個身體」：用單字點出重點後，接著說明「爲打造健康的身體，我決定加入健身房」。

「第二個英語會話」：用單字點出重點後，接著說明「我在考慮上線上英語會話課」。

「第三個簡報」：用單字點出重點後，接著說明「有人請我想辦法改善簡報，所以想跟大家請益好好學習一下」。

最後在做結尾時，利用第50頁說明的訣竅——重點要頭尾各說一次。

把重點詞彙再說一次，聽者各個單詞總計聽了三次之後，更能在腦海中留下印象。

在最後總結時，用「以上是我今年的個人目標」作結，能提醒聽者剛才說的內容主題是什麼。

優秀的參考範例

「我今年的個人目標有三個。第一個是身體，第二個是英語會話，第三個是簡報。

第一個目標是身體，為打造健康的身體，我決定加入健身房。第二個目標是英語會話，我在考慮上線上英語會話課。第三個目標是簡報，有人請我好好想辦法改善簡報，所以想跟大家請益好好學習一下。身體、英語會話、簡報，以上三個是我今年的個人目標。」

POINT

想講的東西太多時，可以用框架來表達。

第二章

兩面法表達，對方馬上說 YES

範例 10 有事相求卻總是慘遭拒絕

✕ 常見的錯誤範例

後輩：「前輩，我下週五早上十點要到○○公司拜訪，您可以陪同我一起拜訪客戶嗎？」

前輩：「啊，抱歉，我有點忙。」

方法

10

用優渥的「前提條件」引導對方說YES

如第54頁所說，提問大致可分爲「開放式問題」和「封閉式問題」。開放式問題是「什麼時候、在哪裡、跟誰、做什麼、怎麼做」的問題。像前面的例子「您可以陪同我一起拜訪客戶嗎？」屬於封閉式問題，對聽者來說，只有「要」或「不要」的選項。

聽對方那樣問，即使有時間，也很可能拒絕。

也就是說，**封閉式的提問，容易讓自己的請求遭到回絕**。

因此，**為了讓對方難以抗拒，要厚顏無恥地以「對方願意陪同拜訪」為前提詢問**。

這個技巧也可以應用到私生活上。

「這個禮拜六要不要去看電影？」這樣問，就算對方有空，也很可能會拒絕你：「抱歉，我已經有約了，沒辦法。」

「什麼時候一起去看電影？」

像這樣，以一起去爲前提的開放式問題，很難用「我很忙」回絕。開放式問題的「什麼時候？」可能是三個月後，也可能是三年後，無法以「我已經有安排了」來拒絕。

因爲沒有人會把人生未來所有日子都做好安排，要拒絕的話也會用其他理由。

雖然對方有可能說「我不喜歡看電影」「我不想跟你去」，但這種理由較難說出口，遭到拒絕的機率就會大減。

優秀的參考範例

後輩：「前輩，您什麼時候有空陪同我一起去○○公司拜訪呢？」

POINT

開放式問題能大幅降低遭受拒絕的機率。

範例 11

讓對方不猶豫、秒決定的方法

✕ 常見的錯誤範例

新人：**「您在店裡瀏覽了不少商品。您說在找活動企畫要用的東西，您有看到覺得不錯的促銷贈品嗎？」**

顧客：「嗯……還沒耶。我沒辦法馬上做決定，而且公司暫緩了促銷贈品的活動企畫……」

方法

11

選項「三個」恰恰好

當選項多到數不清時，顧客容易感到猶豫、煩惱，很容易想了老半天，最後卻「實在做不了決定，還是算了」。

有些人喜歡思考，有些人不喜歡，實際上大多數人都屬於後者，尤其是對自己來說沒那麼重要的事情，會覺得花時間思考很麻煩。

所以在表達時，盡量不要造成對方的心理負擔，先幫對方想過一遍。

這個方法就是，**幫對方選出三個選項**。

當選項只有一個，無論YES或NO，機率都是五〇%，做決定很花時間。

兩個選項也會有一樣的問題，每個選項都是五〇%的機率，讓人猶豫。因此

提出三個候補選項，相對來說比較能排列出優先順序。

比方說，主管交代你：「我們簽了一個大單，我請大家吃蛋糕慶祝，你去幫大家買。」

一一問每位同事想吃什麼口味的蛋糕，太花時間了。

所以幫大家想好選項：**「草莓蛋糕、蒙布朗、起司蛋糕，你要哪一個？」**

從三個選項中做出選擇，比從沒有任何選項開始思考來得輕鬆，不但能從中獲得做決定的成就感，滿意度也高。

假如你有希望大家選擇的選項，只要讓其他兩個選項看起來差很多就可以了。

這是某位客戶跟我說的實際案例，他們在店面辦促銷水壺的活動，當店員問顧客「您要哪一個？」到傍晚關門前東西都賣不完。

但是，當店員向顧客提案：「A、B、C當中，您喜歡哪一個？」下午兩點左右東西就賣光光了。

他說，沒想到只是限縮選項，竟然出現這麼大的差異。

優秀的參考範例

新人：「我準備了三個贈品的候補名單。有公司Logo的馬克杯、繡上文字的運動毛巾、社長肖像的紀念郵票，哪個好呢？」

POINT

刻意限縮選項，供大家選擇。

範例 12

該怎麼做才能說服自尊心高的上司？

✕ 常見的錯誤範例

新人：「這個方法過去可能適用，但最近團隊成員增加不少，可能會需要較長時間適應，是不是該換個方法呢？」

主任：「這個方法沒出過什麼問題，沒必要改變。大家馬上就會習慣的，不需要更改。」

方法

12

借用偉人的名言佳句，為你助攻

隨著年紀增長，人們越來越不喜歡變化，越來越保守。

我從以前就不喜歡做一樣的事情，加上喜歡改善作業流程，一直以來都不斷促進業務流程的效率化。

然而，大多數的人不喜歡改變長久以來的做法，尤其是在公司服務多年的資深員工，更聽不進我這種晚輩的提案，業務改革總是窒礙難行。

這樣的反應很正常，一個地位比自己低的人，突然叫你改變一直以來的做法，自尊心絕對無法允許。

但就在某一次，我引用了某位成就非凡的偉人說的話，對方便一點抗拒也沒有，提案很順利地獲得了採納。

當對方不是多厲害的偉人，以至於能否定偉人說的話（這樣說有點失禮，很抱歉），就非常有可能因此接受我們的意見。

優秀的參考範例

新人：「團隊成員也增加了不少，改變做法能提升工作效率。大家都知道的史蒂夫·賈伯斯曾說過這句名言：『不捨棄些什麼，是無法往前進的。』或許是捨棄過去的做法，嘗試改變的時候了。」

POINT

引用人人知曉的大人物說的話，對方容易因爲要表現出「我知道那位名人」，而接受提案。

範例 13

無論如何都希望大家採納自己的提案

✕ 常見的錯誤範例

新人：**「這臺印表機可以放在我桌子旁邊嗎？這樣每次要印東西的時候，我就不用離開座位，效率應該比較好。」**

主任：「這樣對其他人來說不就變遠了？你就起來動一動吧（真是自私的人耶）。」

方法

13

說明這樣做，對對方有何好處

過去曾經有位看起來很像新人的業務，跑到我們公司做陌生拜訪。他說傍晚回公司前，沒換到五十張名片會被主管罵，拜託我給他一張。

一張名片看起來好像沒什麼，但也是需要花錢製作的。

有什麼樣的理由，要讓我把重要的名片送給初次見面的人呢？

交換名片只對那位業務有利，對我一點好處也沒有。

像這樣，**表達時只提到自己好處的人非常多，但對別人來說沒有好處的話，根本不會想配合**。

因此，假如時間很短，就不要說明自己有何好處，要傳達「對別人來說有哪些優勢」。

例如前面的常見錯誤範例，新人只說想把印表機放在座位旁邊，聽起來好像只考慮到自己的工作效率。

假如你希望提案獲得採納，強調對別人有何好處，而不是自己可以從中獲得什麼，更容易讓人開口說YES。

優秀的參考範例

新人：「這臺印表機可以放在我桌子旁邊嗎？這樣我印好東西後，馬上就可以拿去發給大家。如此一來，便能提升職場整體的效率。印表機可以放在我桌子旁邊嗎？」

POINT

提案時，重點在對方而不是自己，要強調那樣做能爲對方帶來什麼好處。

範例 14 面對愛唱反調的討厭鬼

✕ 常見的錯誤範例

主管：「業務回公司的時間都不一定，很難調整出大家都可以的時間吧。」

下屬：**「早上的話大家應該都可以吧？」**

主管：「早上直接外出跑客戶的人也不少，感覺也很忙。」

下屬：**「那改成線上讀書會，時間安排在晚上如何？」**

主管：「最近線上會議夠多了，還要線上讀書會，拜託不要啦。」

方法

14

遭受反對時，就反過來尋求對方的意見

持反對意見的人，可能是反對你的意見，也可能只是想跟你唱反調。

無論是哪種理由，跟反對意見正面衝突沒意義，因爲彼此永遠在平行線，浪費再多口舌，對方也不會因此接受你的意見。

這個時候，**與其不斷提案，不如反過來，從求助者的立場向對方尋求意見**。

因爲遭受反對時，提案再多，再次遭到否決的機率也很高。這時不如反過來，請對方提出解決方案反而比較快。

爲了不傷害對方的情感，無論是否贊同，都先感謝他回應自己的意見。

「感謝您針對○○提供意見。您沒說，我還眞沒想到這點。」

接著向對方請教，該怎麼做才有辦法讓你的意見獲得大家的採納。

「我該怎麼做，才能讓大家採納我的意見呢？希望您可以給予指導。」

再來，向對方明確傳達「求教的理由」。

「您總是能指點出我想不到的地方，希望您可以給我一點意見。」

過去在職場上，我曾遇過凡事都要跟我唱反調的同事。跟對方辯，總是沒完沒了，雙方永遠是平行線，那個人從來沒贊成過我的意見。

但是在我問了對方，這個提案該怎麼改善時，對方提供意見之後，便不再反對，第一次肯定了我的提案。

這個經驗讓我發現，認同對方的意見，站在求教者的角度請教對方的重要性。

優秀的參考範例

主管：「業務回公司的時間都不一定，很難調整出大家都可以的時間吧。」

下屬：「謝謝您針對讀書會舉辦時間給予意見。我沒注意到這點。請問我該怎麼改善，才能讓提案獲得大家的採納呢？希望您可以給我點建議。〇〇總是能點出我想不到的地方，因此想跟您請教一下。」

POINT

認同對方意見，給對方面子，並試著尋求建議。

範例15 想請忙碌的主管抽出時間時

✕ 常見的錯誤範例

下屬：「請問您現在有空嗎？」

主管：「抱歉，我在準備會議的資料。明天下午的話，我可以抽出時間。」

方法 15

讓對方覺得「放下手上的工作，聽聽也無妨」的訣竅

對你來說，「一下下」具體來說是多久？

這個「一下下」，過去讓我吃過不少苦頭。

我以爲只是一下下，卻被困住超過一小時以上，甚至好幾個小時，自此之後，無論是客戶還主管，我都會盡可能確認一下下大概是多久。

一下下是多久的答案因人而異，可能是一分鐘左右，也可能是一小時。

順帶一提，我曾經被公司的社長叫去「一下下」，然後被困住十二個小時……

就算事先確認一下下是多久，回答「一下下」的人，實際花費的時間大多都比一下下長很多。

每次遇到「一下下」，都讓我疲憊不已。

因此當別人問我能否借點時間、一下下就好時，除非後面眞的沒有任何安排，不然我都會拒絕。

但有一次，有人想來拜訪一下下，我如常拒絕了對方。過幾天對方又來聯絡，我應了要求見面，發現對方的「一下下」眞的只要一分鐘就結束了。

結果那個禮貌性拜訪，又花了不少時間，所以最後我有點生氣地說：「既然是這樣，上次你只要跟我說『**可以借用一分鐘嗎？**』不就得了？」

表達具體要花多少時間，對方才比較好判斷要現在聽，還是改天抽空聽。

不知道要花多少時間，很難讓對方產生意願爲你安排時間，最後遭到拒絕。

除了具體所需時間之外，最好也一併傳達是什麼事情。

優秀的參考範例

下屬：「想借用您寶貴的三分鐘！是關於○○的事情。」

POINT

爲了方便對方安排預定，說清楚你需要多久時間。

範例 16
簡報時 有人提出反對意見

╳ 常見的錯誤範例

下屬：「我覺得女性大多對『數量有限』沒有抵抗力，大家覺得如何？」

主管：「是嗎？男性也喜歡『限定品』，不只有女性吧？」

方法

16

「你也這樣覺得吧！」讓人難以反駁

我過去觀察許多人的說話方式，發現一件事。

那就是，**越能引導人說出YES的人，講話越充滿自信、氣勢十足。**

當一個人沒自信、畏畏縮縮，意見就容易遭到質疑，「我覺得」只是個人的想法，沒自信的感覺也會讓對方感受到。

再者，封閉式問題給予對方「是」或「否」兩種選項，有五〇%的機率會遭到拒絕。

然而，同樣是「覺得」，表達方式不同，給人的印象也有所不同。

「你也這樣覺得吧！」不只你覺得，而是對方也這樣覺得，能讓人比較容易接受你的意見。

另外，也可以把封閉式問題「你也這樣覺得對不對？」語尾的「？」改成「！」來表達，例如：「你也這樣覺得吧！」

這樣說，對方很難回覆「我不這樣覺得」。

尤其在很多人面前講，更難以反駁，能大幅提升對方回答「是」的機率。

優秀的參考範例

下屬：「女性大多對『數量有限』沒有抵抗力，大家都這樣覺得吧！」

POINT

表達時，語尾要強而有力、充滿自信。

範例 17

怎樣才能讓人舉雙手贊成？

✕ 常見的錯誤範例

下屬：「關於新商品開賣活動的企畫，安排脫口秀如何？最近脫口秀很紅，而且也可以請講者拿我們的商品做成段子來宣傳。」

部長：「那樣要花場地費，還要出人力，感覺要花很多錢，有點困難耶。」

方法

17 利用兩面法傳達好壞在哪

你靈機一動想了提案，有些人卻想都沒想就反對。

讓我們來看看，怎麼利用**兩面法**表達，使人贊同你的意見。

「**我的提案是**，舉辦脫口秀。」

提案之後，為了獲得大家的支持，先傳達提案的優點很重要。

「**這個提案的優點在於**，最近脫口秀蔚為風潮，如果請講者拿我們的新商品做成段子來說，宣傳效果更好。」

大部分的人都只講優點在哪。但上層的人喜歡挑毛病，假如在這裡遭到反對，便很難提出反駁意見。

所以，要事先思考提案的缺點，在遭受他人否定之前，先把提案有哪些缺點說出來。

也就是說，**在被別人吐槽之前，先吐槽自己一番**。

「這個提案的**缺點在於**，需要花場地費，還要出人力，會花很多錢。」

如果講完缺點就停住，理所當然就要做好提案遭到否決的準備。

傳達缺點後說：

「但是請放心！」讓對方感到安心，接著傳達解決對策。

「**對策**就是在線上舉辦線上脫口秀，不但可以節省場地費和人事支出，觀眾也可以從世界各地參與。」

提案者自己把缺點說出來，甚至還想了對策，思考得非常周全，聽者應該會感到吃驚。就算想否定你的提案，可能也找不到任何理由來反對。

思慮周全得讓人買單，難以提出反駁。

優秀的參考範例

下屬：「我的提案是，招待大家來看脫口秀。這個提案的優點在於，最近脫口秀蔚為風潮，而且如果請講者拿我們的新商品做成段子來說，宣傳效果更好。而這個提案的缺點在於，需要花場地費，還要出人力，會花很多錢。但是請放心！對策就是在線上舉辦。線上脫口秀不但可以節省場地費和人事支出，觀衆也可以從世界各地參與。所以，我的提案是招待大家來看線上脫口秀。」

POINT

「優點」＋「缺點」＋「但是請放心」＋「對策」＝讓你的提案難以攻破，一提就中！

範例18 想反對，但又不想當壞人

✕ 常見的錯誤範例

前輩：「要不要招募兩位新的打工人員？為避免準備工作出錯，我覺得應該要增加人手。年度內雇用可以壓在預算內，應該沒有問題。」

後輩：**「但這樣我們就要派人去帶新進的打工人員，對那個人來說工作量增加，也可能因此出錯。我覺得這樣對原本的打工人員和新人來說都是負擔！」**

方法

18

這樣問，讓你的意見占優勢

各位有沒有過這樣的經驗？

實在太想讓自己的意見獲得採納，而否定他人的建議。

又或者是，雖然自己沒有提案，但發現別人的提案有缺點，便不自覺地否定了他人的意見。

這時，遭到否定的一方會很沮喪。

而且無論是遭到否定的那方，對旁聽的人來說，感覺也不會很好。

因此，表達時不要直接否定對方，而是要讓自己的意見占優勢。

首先，無論你是否贊同對方，總之先認同：

「您的建議是新增兩位打工人員。增加人手的確可以降低準備活動時的出錯率。」

接著詢問對方，提案的缺點在哪：

「**硬要說的話，**您覺得新增兩位打工人員，**可能會有什麼缺點（負面影響）？」**

這裡的重點在於「硬要說的話」，多加這句話，能緩和否定的語氣。

另一個重點則是，引導對方說出提案的缺點。

也就是說，**要讓對方自己開口說出提案的缺點**。

引導對方說出提案的缺點之後，接著提問：

「針對那個問題，您有什麼對策嗎？」

講到這裡，你是否注意到了？

我巧妙地利用了先前介紹的兩面法（同時傳達優點和缺點的方法）。

提案：「您的建議是新增兩位打工人員。」認同對方的提案。

優點：「增加人手的確可以降低準備活動時的出錯率。」認同對方提案的優點。

缺點：「硬要說的話，您覺得新增兩位打工人員，可能會有什麼缺點（負面影響）？」引導對方說出提案的缺點。

對策：「針對那個問題，您有什麼對策嗎？」引導對方提出對策，改善提案的缺點。

像這樣利用兩面法的結構，跟對方一來一往地溝通。對方提案時，大多只會說優點，因此只要認同對方，然後按照兩面法的架構，引導他說出提案的缺點和相應的解決對策就可以了。

應該有不少人怕被對方或周遭人討厭，總是無法否定他人的意見。但利用這個方法，你只是在問問題而已，並非否定對方，完全不是壞人。而且從周遭人和對方的立場來看，你不是忽視他人的意見，而是很有興趣、很積極地與人互動，也能獲得他人的好評。

假如因此獲得好評，在別人心中的地位也會跟著提升，豈不是一石二鳥！

優秀的參考範例

後輩：「您的建議是新增兩位打工人員。增加人手的確可以降低準備活動時的出錯率。硬要說的話，您覺得新增兩位打工人員，可能會有什麼缺點（負面影響）？針對那個問題，您有什麼對策嗎？」

POINT

想溫和地拒絕時，「兩面法」很有效！

第三章

用結果法，拉近跟所有人的距離

範例 19　到底該怎麼表達才能引發別人的共鳴？

╳ 常見的錯誤範例

前輩：「業務部的課長總是在火燒屁股才來要資料。但換成我們拜託他的時候，卻滿口抱怨，拖拖拉拉的。真讓人生氣耶。」

後輩：**「我懂我懂！」**

前輩：「嗯？你的工作跟課長沒有交集吧？」

方法 19

同理不須動之以情

大家都說同理心很重要，但真正做到的人少之又少。

假如你去問身邊的人：「同理應該要怎麼做？」有多少人能回答這個問題呢？

我從小就被周遭的人說：「沒有同理心，很冷漠。」

還在公司上班時，同事說他在寵物的葬禮上哭得好慘，我一點悲傷的感覺也沒有。

我一直在思考，到底該怎麼做才能有同理心？我不斷嘗試，想站在對方的立場去同理，卻怎麼也浮現不出相同的情緒。

之後，學習了心理學ＥＱ（情緒商數）後，才發現原來我一直誤解同理的意思。

「同情」是擁有跟對方一樣的情緒，但「同理」不需要跟對方有同樣的情緒。

知道這點後，心情輕鬆了許多。

因爲一直以來，我都無法對別人的情緒產生共鳴。

「要站在跟對方相同的立場去感受。」

「要同理對方，感同身受。」

我看了很多書，請教了許多人，還是很疑惑——所以同理對方的心情，感同身受到底該怎麼做？

到頭來，我還是無法對別人的情緒產生共鳴，不知道怎麼去同理別人，也沒有人教我如何同理。

但不知爲何，常有人跟我說：「謝謝你的理解。」明明我不記得同理了對方什麼。

因此，我特別去留意自己的言行舉止，觀察我做了什麼，別人會覺得自己獲得了理解。我從別人覺得「獲得理解」當中，找到了共同點。

我的情緒沒有波動，當然也沒有對對方的情緒產生共鳴。

重點不在於自己發揮了同理心，而是別人覺得自己獲得了理解。

反過來說，以前面的範例來看，就算後輩眞的對前輩的處境感同身受，假如前輩不覺得自己「獲得了理解」，便無法獲得同理。

在分析該怎麼做才能讓對方覺得你站在他的立場同理之前，讓我們先來了解一下行爲和情緒之間的關係。

有些人生氣的時候，會無意識地大力關門、大聲走路，或是用力踢東西。沒有人在生氣的時候，還能輕聲關門、慢條斯理地走路吧。

相反地，當你感到開心快樂、心情愉悅時，走起路來可能會不自覺地小跳步。

換句話說，行爲和情緒是連結在一起的。

讓我們回到原本的主題。

想讓別人覺得「獲得他人的理解」「這個人懂我的心情」，該怎麼做才好呢？

當對方話語中流露出情緒，就先接受它。

假如話語中並未流露出情緒，就接受對方的行為。

如前面所述，行爲和情緒是連結在一起的，因此就算對方的話語中並未流露出情緒，認同對方的行爲，對方便能因此感受到自己獲得了理解。

應該有些人會想「嗯？這是什麼意思」，請放心，我將於下一個章節詳細說明。

優秀的參考範例

後輩：「課長的行為，真的很讓人生氣耶。」

POINT

行爲和情緒是連結在一起的。

範例 20

閒聊時總是無法機靈回應

✕ 常見的錯誤範例

新人：「前輩，請你看一下資料。為了報告順利，這個連假我去參加講座，學習簡報製作。」

前輩：**「這個連假我都泡在電影院。新開的那間電影院真的很棒喔。」**

方法

20 接受對方的「行為」

進公司第二年的前輩，完全沒在聽新人說話，自顧自說自己的事。

你是不是覺得不想給這種前輩看資料呢？

其實我以前就是這種人。

現在回想起來實在很糟糕，但在我還不懂得同理別人的時候，日常舉止就是那樣。

無論是在電車內還是公眾場合，與人說話時是兩條平行線，各說各話的場景不時可見。

回過頭來，範例中的前輩該怎麼回應才好？

有些人可能會覺得，前輩至少要用鸚鵡學舌來回應才對。

很多書都說要鸚鵡學舌般地回應，但是像下面這樣的對話，講話一直被打斷，反而讓人感到煩躁，不是嗎？

新人：「前輩請幫我看一下資料。」

前輩：「資料。」

新人：「爲了報告順利，這個連假啊。」

前輩：「報告。」

新人：「我去參加了講座。」

前輩：「講座。」

新人：「學習簡報製作呢！」

前輩：「學習簡報製作啊！」

鸚鵡學舌只是把聽到的複述出來。隨便找地方打斷對方，重複說出聽到的話，對有些人來說反而會感到不愉快。

因此，我不建議以鸚鵡學舌來回應別人說的話。

此外，有些人甚至會這樣回應。

前輩：「為了報告順利，這個連假你去參加了講座，學習簡報製作了啊。」

這樣彷彿全盤接受對方所說的一切，但是從對方的角度來看，可能會覺得自己被嘲諷，有九成的人心裡會覺得不太愉快吧。

雖然跟範例中的前輩相比可能好很多，但回應方式還有很大的改善空間。

這時，我們可以做的是接受新人的**「行為」**。

從新人說的話可以知道，新人的行為是「去參加了講座」和「去學了東西」。

「希望簡報做得更好」是行為的理由，不包含行動。

前輩：「你去參加講座了啊？」

回應新人的「我去參加了講座」，對方會覺得自己獲得前輩的理解。

前輩也可以說：「你去學了東西呀。」

重複新人最後一句話「我去學了東西呢」，加深對方自身行為得到他人認同的感受。

希望各位回想一下前面提到的——**行為和情緒連結在一起**。

雖然新人說的話並未流露出情緒，卻出現跟行爲有關的內容。

因此，接納別人的行爲，就等於接納了連結在行爲之上的情緒，對方會因此覺得自己獲得他人的理解。

另外，如本章節的範例，**當對方的言談中出現多個跟行為有關的詞彙，重複最後一個行為的詞彙，能讓對方的感受更好。**

因爲最後一個行爲，是說話者最希望獲得認同的行爲，那個心情是連說話者本身也沒察覺到的。

優秀的參考範例

前輩：「你去學了東西呀。」

POINT

「最後的行爲」最重要。

範例 21　一不小心就直接否定

✕ 常見的錯誤範例

後輩：「前輩，我覺得招募的資訊，應該要由人資部聯絡管理部，管理部聯絡資訊部，資訊部再聯絡會計部比較好。」

前輩：**「我覺得這樣不好耶，與其那樣，不如讓人資部公告資訊給各部門比較快。」**

方法 21

在否定別人的意見之前，先思考一下

對後輩來說，相較於主管，前輩可能比較沒有隔閡，所以才表達了自己的意見。

然而意見卻遭到全盤否定，後輩可能會覺得以後不太想跟前輩講眞話了。

人討厭自己的想法遭受否定，更勝於行為遭受否定。

女性尤其討厭想法遭受否定，程度勝於男性。

當然，自己的想法跟別人不同很正常。

不需要全盤接受別人的想法，也沒必要改變自己。

最重要的是，**認同對方的想法，而不是去否定**。

「你的想法是，資訊要先從人資部轉給管理部對不對！」

假如想表達自己的想法，可以接著說：

「我的想法是，直接由人資部把訊息轉給各部門。」

假如對方話語中出現「我覺得」「我的想法」等詞彙，回話時可以拿來重複使用。

這樣表達，對方會覺得自己的想法獲得了同理、認同、肯定。

後輩覺得自己的想法得到前輩的認同，心情會變好，對話氣氛也會越來越積極開朗。

優秀的參考範例

前輩：「你的想法是，資訊要先從人資部轉給管理部對不對！我的想法是，直接由人資部把訊息轉給各部門。」

POINT

留意「我覺得」「我的想法」等關鍵詞！

範例22 當有人跟你發牢騷，該如何回應？

╳ 常見的錯誤範例

後輩：「前輩，今天原本有份資料要在三點之前提交，課長卻突然叫我幫忙準備會議要用的數據分析，害我沒時間吃午餐。做完後，課長竟然說不需要數據分析了。我都這麼努力做完了，真難過。」

前輩：**「我懂我懂！他常常那樣。不要太在意，想太多傷身。就忘了，當作沒那回事吧。」**

方法 22

不知道怎麼回應時，就認同對方的情緒

後輩遇到的情況，對前輩來說可能司空見慣，所以會安慰對方不要在意；但是對後輩來說，這種安慰可能會讓他越來越難過。

因為後輩希望難過的心情得到理解，而不是希望別人的安慰。話是這樣說，但他人的心情大多時候都很難理解。

因此，就算無法理解對方的心情，也請試著思考，該怎麼表達能讓人覺得「啊，我的心情被理解、認同了。」

觀察後輩話語中的行為和想法，可以發現「沒時間」和「我這麼努力」這兩個關鍵詞彙。

回應時，可以二擇一複述對方的話，不過選擇最後「我這麼努力」的效果更好。

然而，這兩個行爲和想法的詞彙，並未跟情緒連結在一起。

這個例子後輩在最後說了「眞難過」，讓情緒表面化，因此**後輩最希望他的情緒，也就是「真難過」獲得前輩的理解**，這時回應時重複「眞難過」是最合適的。

假如你想表達自己也是同樣的心情，只要回答「我也很難過」就可以了。

優秀的參考範例

前輩：「很難過吧，我也是。」

POINT

關鍵在於表達情緒的字眼。

範例 23

怎麼誇人才能誇得自然不做作？

× 常見的錯誤範例

店員：「你衣服的顏色真好看耶。這個胸針真是高雅。哇，這個包包好時髦、設計得真好看。」

客人：「……（這個人只對東西有興趣啊！）」

方法

23

不明說，也能讓人覺得被稱讚了

像範例那樣被稱讚，你覺得開心嗎？

被人誇獎很開心，沒有人被稱讚心情會變差。

沒錯，但這指的是眞心覺得自己受到稱讚的時候。

再怎麼稱讚人，假如對方不覺得自己受到誇讚，就一點意義也沒有。

稱讚他人而覺得「懂得讚賞別人的自己眞棒」，只不過是一種自我滿足。

順帶一提，剛才的範例是別人稱讚我的例子，咚，咚，咚，每句話都讓我感到不愉快。

首先，這三句稱讚人的話，每一句都只聚焦在物品上。

如果我是製作那些東西的人，可能會把對方的話解釋成稱讚我的作品，覺得非常開心。

但這些東西既不是我的工作，也不是我的興趣，我對手作一點興趣也沒有，衣服、胸針跟包包也不是我自己做的。

所以，店員說的話，會讓我覺得他關注的焦點不在我身上，全部都在物品上。

你想稱讚對方，一定要把焦點放在人的身上。

另外，爲了不讓讚美聽起來像阿諛奉承或場面話，**針對一件事情誇獎就好**。

優秀的參考範例

店員：「您真會挑衣服耶，眼光真好。」

POINT

焦點要放在「人」身上，而非「物品」。

範例 24

自以爲是稱讚，卻惹來白眼

✕ 常見的錯誤範例

新進員工：「前輩，你很會做資料對吧。」

前輩：「（不爽）我跟你很熟嗎？」

方法
24
「請教」就是種誇讚

《廣辭苑》辭典裡寫道，稱讚指的是「評價事物，以正向詞彙誇讚他人或事物」，那「評價」又是什麼意思呢？

據《廣辭苑》記載，評價指的是「善惡、美醜、優劣等價值判斷」。

換句話說，判斷優劣、誇獎他人的行為，源自於「覺得自己優於他人」的態度。

以前有位專門教人如何誇獎人的A講師，邀請我一起到某企業講課，在討論研習營的內容時，我們有以下的對話。

我：「先請學員自己試試看，然後我們再解說。」

A：「我覺得很好。」

我：「中間可以分組，請他們觀察彼此。」

A：「我覺得很好。」

對話過程中，頻繁出現「我覺得很好」，讓我覺得這個人什麼時候變成我主管了？

對方的言詞讓我覺得被瞧不起，或許他原本想稱讚我，卻越誇越讓人感到不愉快。

另一方面，我其實很不擅長讚美，很少稱讚他人。

但我常有這樣的經驗：明明沒有想誇獎別人，對方卻覺得自己獲得讚美而感到開心。

這是我還在公司上班時的事情，有位同事長得非常漂亮，髮型卻不太適合她。

當我問道：「妳都去哪間美髮沙龍剪頭髮？」對方非常開心地回答：「我都去○○路上的○○剪頭髮喔。」

我只是覺得那位美髮師的技術很差，想避開那間美髮沙龍才問這個問題，同事卻以爲我在誇獎她的髮型很適合她。

這件事給了我很大的啓發。

提出問題、向對方請教，會讓對方覺得自己被稱讚了。而且，相對於高人一等地稱讚他人，請教比較接近敬佩對方。

而且，對於謙虛的人來說，判斷言行優劣地稱讚他人，會使人不自覺地想否定自我。

B：「你的字寫得眞好看呢。」

C：「沒這回事。」

假如從「敬佩對方」的角度。

B：「哇，你是在哪裡學寫字的啊？」

C：「我從幾年前開始在商工會的文化進修班學的。」

「你是在哪裡學寫字的啊？」這樣問，對方沒辦法用「沒這回事」否定，也會把問題解釋爲在稱讚自己。

我在研習營上講這個故事，那些不懂如何奉承他人、不擅長社交或是不會說謊的人都表示，只要用問問題的方式，就有辦法巧妙地稱讚他人。

此外，問完問題之後，再加上一句「請你教教我」，可以加深敬佩的態度，對方更容易將你的問題解釋爲在稱讚他。

「怎麼做才有辦法做出這種味道啊？請你教教我。」

像這樣，站在虛心求教的角度，向對方請教吧。

即使對方不覺得自己被誇獎，也會覺得你的提問只是普通問題，無論怎麼樣都不會失敗。

優秀的參考範例

新進員工：「該怎麼做才能像前輩那樣，資料做得這麼好呢？請您教教我。」

POINT

誇獎要不留痕跡，讓對方有好心情。

範例 25 只不過是問問題，對方卻認為你在生氣

✕ 常見的錯誤範例

前輩：**「為什麼沒有達成銷售目標？」**

新人：「對不起……客戶說他很忙，一直約不到時間去拜訪……」

方法

25

問出過去的光榮事蹟

以「爲什麼」起頭的提問，容易讓人把問題解釋爲責問。

人在接受問題之後，便會開始思考，一旦覺得提問是在責問，便會開始找理由來保護自己。

就算眞的只是問問題，也可能會覺得對方不單純只是提問，而是在質問。

因爲當人湧現憤怒的情緒時，會無意識地去責備對方。

這是我以前的經驗，我以「爲什麼」來提問，對方的回應多次出現憤怒的情緒。我單純只是不懂，所以向人請教，但對方似乎把我的問題解釋爲在質問他。

所以我現在都很小心，盡可能避免用「爲什麼」來提問。

以「為什麼」開頭的提問，大多是針對過去，而且幾乎都是不太好的內容。

如此一來，對方會覺得你的問題不是單純的提問，而是質問，而心情不好。

所以提問時，不要問過去失敗的經驗，而要問過去的光榮事蹟。

這樣，對方在回答的過程中，會回想過去美好的回憶，喚醒當時快樂的心情，而感到愉快。

爲了喚醒對方快樂的回憶，提問時要問過去的光榮事蹟，尤其要引導出跟事件相關的情緒。

接著，試著詢問對方是怎麼做到的。例如：

「考到○○證照時的心情如何？」

「你是怎麼考到○○證照的啊？」

「業績優秀獲得表揚時的心情如何？」

「收到錄取通知時，您的心情如何？」

優秀的參考範例

前輩：「你去年上半年的業績是第一名，獲得了表揚，你是怎麼達到目標的啊？」

POINT

過去的光榮事蹟和達成目標時的心情，是提問的絕佳組合。

範例 26

想拉近與主管的距離

✕ 常見的錯誤範例

新人：「課長真的是超級業務呢！」

課長：「……」

方法
26
連續招式收服對方

讓你心情不好的人跟讓你愉快的人，你比較想跟哪種人一起工作？

就我過去的經驗，每個人都回答想跟讓自己心情愉快的人一起工作。

可能因爲這樣的心理狀態，大家都想讓對方喜歡自己，以爲稱讚奉承主管或客戶能建立良好關係，卻招來反效果。

因此，這裡我想爲各位介紹一些表達技巧，可以很自然地稱讚對方，且一點也不做作，讓人主動想跟你建立起良好的關係。

請把以下五個步驟，重複使用於對話當中。

①問一個讓對方覺得「你在稱讚他」的問題。

②對方覺得「你在稱讚他」。

③對方跟你分享知識或經驗。

④回應對方時，要讓人覺得「獲得了你的理解」。

（①②③的應用技巧請參考第128頁到第141頁）

⑤對方覺得自己「獲得了理解」。

（④⑤的應用技巧請參考第110頁到第127頁）

在對話中反覆使用①到⑤的表達技巧，對方跟你說話就會越來越愉快。

如此一來，就會想再跟你見面，一起合作。

優秀的參考範例

新人：「課長，該怎麼做才能成為像你這樣的超級業務啊？請您教教我。」

課長：「你真是認真耶。這個嘛，方法有很多……我想應該就是仔細觀察，看看有什麼地方可以幫忙客戶。」

新人：「謝謝課長！您的想法是仔細觀察客戶的需求。您過去觀察並提供解決方案時，最讓客戶開心的經驗是什麼？」

課長：「最讓客戶感到開心的經驗啊……」

POINT

反覆讓對方覺得「被稱讚了」「獲得了理解」。

範例 27 給回話總是單調乏味的你

✕ 常見的錯誤範例

課長：「這裡字體再大一點，給別人的印象會更深刻。」

下屬：**「是喔，謝謝課長！」**

方法 27

千萬別說「是喔」

我們在聽人說話時，經常會不自覺地回應「是喔」，但依據你跟對方的關係，也就是面對立場、地位不同的對象，這樣說可能會非常失禮。

我以前總是沒辦法把人的話聽到最後，很喜歡插話。

因此，我思考該怎麼做才能用心聽人說話。觀察了別人的對話後發現，很多人會在說話時使用「是喔」來回應。

之後，我便有意識地頻繁以「是喔」回覆他人。

但有一天，在一個溝通技巧的交流會上，當我如常用「是喔」回話時，對方卻說對話時不可以這樣。

那時我還不知道爲什麼不可以，後來在電視上看到某位主播說，「是喔」是覺得自己優於他人角度的發言。

也就是說，課長可以對下屬說「是喔」，但反過來下屬對課長那樣說，就會變成「上對下」，變得很失禮。

而且多次重複「是喔、是喔」，還會讓對方覺得自己被看扁，更是反效果。

「原來是這樣啊」「嗯嗯嗯是喔」，這種回話一般都被視爲失禮的發言，最好不要使用。

回話時可以用**「您說得是」「您說得有道理」**來回應。

應該有不少人已經養成「是喔」的回話習慣，「是喔」變成口頭禪，動不動就會跑出來。

對話中不小心脫口而出「是喔」的時候，可以在後面加上一句「您說得是」或「您說得有道理」修飾一下。

優秀的參考範例

下屬：「謝謝，您說得有道理！」

POINT

竭盡全力不要用「是喔」來回話。

範例28 覺得自己一片好心，但其實踩到別人的地雷

✕ 常見的錯誤範例

同事A：「昨天啊，要提交企畫書給一個客戶，就在我準備的時候，課長跑來說：『請你給我明年度各產品的目標銷售數量，我明天開會要用。』而且叫我中午前就要給他。雖然這個資料之前就應該要給他，是我不對。昨天難得不吃午餐，集中精神趕出資料了。」

同事B：「辛苦了，也太忙了吧。你其實可以跟課長說，我要先提交資料給客戶呀。」

方法
28
最後別多嘴

在聽別人發牢騷時，當你覺得對方聽起來好像很辛苦，有九成的人會不自覺地回應「你辛苦了」。

說這句話的人沒有什麼惡意，只是想安慰對方，又或是眞心覺得對方很辛苦。但最常見的錯誤例子就是，對方在談話中一句也沒提到自己辛苦。

一點也不覺得自己辛苦，別人卻擅自那樣認爲。

而且「你眞辛苦」這種安慰式發言，大多用在平行或上對下的關係對話中，要小心不要在下對上時使用。

「哇！你很忙耶」這類發言也很常出現，但假如對方沒那樣說，盡量避免先入爲主、擅自爲對方決定。

我很喜歡辦研習營，喜歡到自己出來創業，週日和平日晚上也會私下舉辦讀書會。

課堂學員的發言，卻不時讓我感到不愉快。

「禮拜天還要工作，眞是辛苦。」「晚上還要辦讀書會，辛苦您了。」「感覺您很忙，眞是辛苦了。」每當被這樣說，我都會回答：「不會。」

閒聊時，我一句「好累」「好忙」也沒說，而且是做自己喜歡的事情，覺得很快樂，一點也不覺得辛苦、很忙。

這讓我想起過去把別人激怒的事。

當時我爲了學習溝通技巧，到處參加各種交流會，跟不同的人練習溝通。

我的練習對象明明在聊「想讓房間變乾淨」，我卻在溝通過程中頻繁提到「整理整頓」。

溝通訓練結束後，我的練習對象丟下這句話就轉身離開了：

「我一句話也沒提到整理整頓，我只是希望桌上沒有任何東西而已。」

那時彷彿當頭棒喝，才覺得好不容易終於摸到「溝通」這兩個字的邊邊。

之後經歷過相同的遭遇後，我才終於發現，雖然自己沒有惡意，甚至原本是想安慰別人的行爲，只不過是自以爲是、把自己的想像強壓在別人身上罷了。

大多數的人發牢騷並不是為了得到別人的意見，「你這樣做不就好了」這類好心建議非常多管閒事。

有時候也會遇到有這種想法的人：「跟別人聊天時，要講點跟對方不同的內容」，但其實正好相反。

對方沒有提到的詞彙，絕對不要說，**不需要畫蛇添足**。

假如無論如何都想多加一句話，就在認同對方之後，加上一句**「感覺您好像很辛苦，身體都還好嗎？」**傳達「我」的訊息。

「您眞辛苦耶」，是「你」自以爲覺得別人辛苦，是**「你」的訊息**。

「（我覺得）您好像很辛苦」，是傳達「我」的感受，屬於**「我」的訊息**。

優秀的參考範例

後輩：「您非常集中精神趕出資料了呀。」

POINT

回話時，不使用對方沒提到的詞彙比較保險。

範例 29

怎麼拒絕才不傷人？

✕ 常見的錯誤範例

同事A：「下個月底的星期五晚上六點有聚餐，你要不要來？」

同事B：**「抱歉，我沒辦法參加。星期五晚上我要回老家。」**

方法

29

真的有必要道歉嗎？

收到邀請，但有其他推不掉的安排、無法參加時，可能覺得拒絕對方不太好意思，所以有些人開頭就會先道歉。

這句話會讓你失去很多機會，實在可惜。

提出邀請的那一方，可能鼓起勇氣好不容易才開口問你。

假如拒絕時先道歉，會讓對方覺得自己令人感到爲難，下次反而更難開口邀請。

讓對方道歉，也就是讓對方產生罪惡感這類負面情緒。

因此，**假如在拒絕時道歉，對方下次再來邀約的機會恐怕會降低很多**。

如此一來，若邀約的背後有著大好機會，那句道歉可能會害你失去好處。

不過，拒絕別人時，先感謝而非先道歉的人也不少。

被人感謝時，會覺得很開心。假如你讓人覺得「每次邀請他，心情都會變得很好」，下次一定還會想邀請你。

而且之後如果有什麼好康，也很可能會叫上你。

總歸來說，**拒絕邀約沒有錯，不需要道歉**。

拒絕邀約需要道歉的情況，僅限於答應了別人，卻又臨時不能去（無論理由爲何）的時候。

而且這種情況也不要以道歉開頭，先感謝對方的邀約，接著再道歉。

總而言之，**收到邀約時，不管要不要去，先說「謝謝」，以感激之情來回應**。

此外，表達感謝的同時，傳達你感到很開心的心情更加分。

拒絕邀約時，不要道歉，跟對方說「下次再約」。

假如你不希望再收到邀約，就不要說「下次再約」這類社交詞彙，反而會造成對方的困擾。

優秀的參考範例

同事B：「謝謝你邀請我，很開心。但很可惜我沒辦法參加。星期五晚上我要回老家。下次再約喔！」

POINT

收到邀約時，傳達感謝和快樂的心情就好。

範例 30　想提高成交率

✕ 常見的錯誤範例

客戶：「我們家的走廊有點暗，之前祖母因此摔了一跤。雖然祖母沒有受傷，但我想快點解決這個問題，但燈具商品種類好多，不知道怎麼選，你有沒有什麼便宜又好的推薦商品呢？」

新人：**「這款燈具有感應功能。為USB無線充電，非常方便。這個商品很受歡迎，賣得非常好。」**

方法

30

運用結果法，讓對方想像美好的未來

當我們跟客人做商品提案時，很容易只把重點放在商品的功能上。

商品的功能當然很重要，也需要說明，卻很少人能說清楚那項功能「對那個人來說好在哪裡」。

對提案方來說，不需要描繪未來圖像，也很清楚商品好在哪裡。

但是，假如你希望提案獲得採納，就必須體貼地傳達那個提案能爲對方帶來什麼「美好的未來」，而不是把東西丟給別人自己想。

首先是提案。

「我推薦這款燈具**（提案）**。」

接著，傳達提案能帶來什麼美好的未來。

換句話說，也就是提案能帶來什麼樣的結果。

「燈具會自動點燈，爲USB充電，不用一直購買並更換電池，生活更加舒適便利。而且無須施工，買來馬上就可以用**（結果）**。」

這樣說明，對方腦海裡可以浮現出購買燈具後，明亮舒適的未來。

假如能讓對方認知到「現狀如何」，比較現狀和未來的差異，提案獲得接受的機率會變得更高。

「你現在都要摸黑開燈，應該覺得很困擾吧。是不是常常擔心因此跌倒受傷呢**（現狀）**？」

此外，說明你推薦的理由，把想法傳達給對方，效果更佳。

「我之所以推薦這款燈具，是希望您的家人在晚上也能安心地在家走動，提供更舒適的生活環境**（理由）**。」

把你的想法傳達給對方知道，能提高提案獲得採納的機率。

這個表達框架叫**結果法**，是由提案、結果、現狀、理由、提案所組成。

優秀的參考範例

「我推薦這款燈具（提案）。燈具會自動點燈，為USB充電，不用一直購買並更換電池，生活更加舒適便利。而且無須施工，買來馬上就可以用（結果）。

你現在都要摸黑開燈，應該覺得很困擾吧。是不是常常擔心因此跌倒受傷呢（現狀）？

我之所以推薦這款燈具，是希望您的家人在晚上也能安心地在家走動，提供更舒適的生活環境（理由）。

我推薦這款燈具（提案）。」

POINT

先讓對方知道提案的結果好在哪。

這個方法也能促進你跟情人之間的關係！

前面都是以商場或職場為範例，其實這些表達框架也可以應用到私生活，效果顯著！

比方說情侶約會時的場景。

女性：「我按照課長的指示做資料，他卻中途推翻重來，害我重做！課長真會給人添麻煩，真是的！」

男性：「妳在開始著手前，跟做的途中有跟課長確認嗎？要頻繁確認才行喔。」

這樣回話，會讓對方感到不愉快，好好的約會就這樣毀了。這邊希望大家回想一下前面說明的，表達同理的訣竅。這位男性正確的回話範例應是：

「嗯嗯，課長真是的，真會給人添麻煩耶！」

這樣回話就好了。

第三章的表達技巧，對促進人際關係非常有幫助，請務必嘗試看看。

第四章

一點也不費力，還能讓人按你意思行動的因爲所以法

範例 31

暗示對方，對方卻完全沒收到訊息

✕ 常見的錯誤範例

業務：「（一邊偷瞄對方）哇，辦公室好熱啊，雖然在外面跑很熱，但室內也好熱。」

總務：「對啊，今天好熱。」

方法

31

你想怎樣，不說別人不會懂

在表達技巧的課堂上，學員們最常遇到的問題就是，「別人常常對我說『聽不懂你在講什麼』」，第二個常見的困擾則是，「講了對方還是不爲所動」。

我觀察他們的表達方式後，發現**大部分的人都沒有清楚表達「希望對方怎麼做」**。

你沒說清楚希望對方怎麼做，別人當然不爲所動。

沒有說清楚希望對方怎麼做，有四個常見的理由：

「不用說也應該知道」「知道要察言觀色吧」「多用點心就會知道」「感受就會知道」。

大部分的人都以爲自己講得很清楚。

或者就算是自己沒講清楚，卻怪罪對方「不懂得察言觀色」「不體貼」「聽不懂別人的暗示」。

但**我們是「不說清楚不會明白」「不懂察言觀色」「沒辦法體貼別人」「沒辦法感應別人的需求」的人類**。

你有期望，不說清楚別人不會明白，即使說了，也無法保證對方一定能完全明白。

假如你希望開冷氣，就要清楚傳達「希望開冷氣」。

假如你希望室內溫度可以降下來，就要說清楚希望冷氣設定爲幾度。

別人沒辦法感應到你的想法，不把你「希望對方怎麼做」說清楚講明白，對方是不會有任何動作的。

優秀的參考範例

業務：「可以開冷氣嗎？西裝外套脫了還是好熱，在外面跑很熱，但室內也好熱呀。」

POINT

說清楚你希望對方怎麼做。

範例 32 不知爲何意見總是遭到忽視

✕ 常見的錯誤範例

後輩：「我覺得文件最好要有一致性。我覺得簡報的字體選 Meiryo 為佳。我覺得簡報整體的顏色選綠色比較符合主題。我覺得簡報兩頁左右就有一張圖片或照片會更好。」

方法 32

語氣有自信很重要

很多人喜歡說「我覺得」。

例如下面的建議，大部分的人都會選擇B吧。

教室A：「選擇到這裡上課，我覺得你的德語一定會變得很流利。」

教室B：「選擇到這裡上課，你的德語一定會變得很流利。」

選擇教室A，假如德語沒有變好，跟補習班抱怨，對方很可能會回你「所以我是說『我覺得』」。

假如你想規避責任，才刻意使用「我覺得」，當然沒什麼問題；假如不是，我建議提案時要有自信地斷言。

就算是爲了規避責任而使用「我覺得」，每一句都出現「我覺得」，會讓人感到這個人很不可靠，聽起來也刺耳。

「我覺得」是只有你這樣覺得，不是客觀第三者的意見，聽起來就不可靠，越說可信度越低。

相反地，肯定斷言反而給人客觀的印象，彷彿反映出第三者的聲音，聽起來充滿自信。

因此剛才的例子也是同樣的道理，大家會選擇看起來充滿自信的教室B，而不是感覺沒什麼自信的教室A。

只不過，「我覺得」並非完全不可以使用，而是要看情況。**「我覺得」可以用在不想負責任，或是單純表達感想的時候。**

我曾遇過某間公司的人資動不動就說「我覺得」，我問了理由，他說在跳槽到這間公司之前，講話的陳述方式都很肯定。

但現在這間公司的社長認爲，公司立場很容易被外部追究責任，因此要求大家對外盡可能不要把話說死，「我覺得」才因此變成現在的口頭禪。

像這樣，在商場視情況使用「我覺得」很重要。比起「我覺得這個便當很好吃」，肯定地說「這個便當很好吃」，後者比較讓人想買，不是嗎？

優秀的參考範例

後輩：「文件最好要有一致性。簡報的字體選 Meiryo 為佳。簡報整體的顏色選綠色比較符合主題。簡報兩頁左右就有一張圖片或照片會更好。」

POINT

「我覺得」聽起來就缺乏自信。

範例 33

身邊的人總是不到最後關頭，不為所動

✕ 常見的錯誤範例

同事A：「請大家填寫夏季連假預計請假的日期。」

十天後。

同事A：「夏季連假的日期都沒有人填寫，大家還沒決定好嗎？」

同事B：「我以為月底填好就可以了。」

同事C：「我想說下禮拜再來填，填寫期限是到今天嗎？」

課長：「我現在正在填……」

方法

33

有期限，優先度才高

大部分的人生活工作都很忙碌。

隨時都有突發事件，很難按預定行事。

公司內部可能有上頭的命令、下頭或平行組織來的請託，而且還有外部的客戶或廠商，隨時都會出現緊急、必須優先處理的狀況。

面對這麼多必須處理的項目，大多數的人會優先處理緊急度高、重要度高的事情。

因此，**沒有截止日期的事，假如不是很重要，優先順序被排到後頭也是無可奈何**。

回想一下學生時期寫暑假作業的時候。

你是屬於早早把暑假作業寫完的人嗎？

暑假作業提交時間是開學典禮的第一堂課，還是開學那週第四天的第三堂課，截止時間不同，動手寫作業的時間應該也很不一樣。

暑假一開始就很有計畫地把作業寫完的人，聽到我這麼說可能會感到吃驚，但總是拖到最後一刻才開始寫作業的人，應該懂我在說什麼。

之所以在暑假結束前一天的八月三十一日才開始寫作業，是因爲作業提交日是九月一日。

假如作業沒有截止日期，我應該會拖到有人來催才交吧。

問了其他研習營的學員，每個人的答案都跟我一樣。

職責所需，受委託的工作不做不行。

雖說如此，判斷緊急度和重要度較低的工作，我們會排在比較後面才做。

所以，**拜託別人做事的時候，一定要訂下截止時間**。

優秀的參考範例

同事A：「請大家各自於十天後，也就是六月二十日的十點前，把夏季連假預計請假的日期填寫完畢。」

POINT

拜託別人做事的時候，一定要訂下截止時間。

範例 34 優先順序總是被排在最後

✕ 常見的錯誤範例

後輩：「前輩，我想跟你請教一下企畫的事情，有空的話可以麻煩你嗎？」

前輩：「喔喔，可以呀，等我有空的時候……」

方法 34

不要再說「有空的時候」

在被各種截止日追著跑的時候，有人拜託你有空的時候幫忙，多少人會馬上對應呢？

緊急且重要的事情，會說「有空的時候幫我一下」嗎？

比方說，快從二樓掉下來時，你會這樣拜託人嗎？「有空的時候救我一下。」

「有空的時候幫我一下」，聽起來緊急度和重要度不高，優先順序被排到後面也理所當然。

而且說到底，很忙的時候，根本不會有空。

那樣說，就要做好別人永遠沒空的心理準備。

就算你是為他人著想，才說「有空的時候幫我一下」，但大家每天都很忙碌，這樣表達依舊無法讓請託變得比較重要。

既然如此，不如明確傳達期望的截止時間，才是眞正爲別人著想。

「有空的時候幫我做一下這個」，跟「這個請幫我在明天早上十點前完成」，哪一個聽起來緊急度和重要度比較高？想必各位應該很清楚。

優秀的參考範例

後輩：「前輩，我想跟你請教一下企畫的事情，明天下午兩點前請給我三十分鐘的時間，謝謝。」

POINT

講清楚期望截止時間，才是眞正爲對方著想。

範例35 鼓起勇氣邀請前輩參加活動

✕ 常見的錯誤範例

後輩：「前輩，下禮拜五晚上，我們約去賞櫻，您方便的話，要不要來參加？」

前輩：「啊啊，謝謝你，但我已經有約了，抱歉。」

方法

35

〇・〇〇五%的真心，不要也罷！

大部分的人都喜歡恭謙地說**「如果您方便的話，要不要〇〇呢？」**聽起來很溫柔體貼，一點強迫或是壓迫感也沒有，但也因爲如此，遭到拒絕的機率相當高。

因爲那樣說會給人感覺你的邀請不是眞心的，只是禮貌性詢問，做做表面工夫而已。

無意識間說出的話，反而隱藏著連本人也未察覺到的眞心話。

「萬一您方便的話，要不要來參加？」

「萬一」指的就是一萬當中的一個，也就是萬分之一。

「要不要參加？」這個問題的回答，可以是參加，也可以是不參加，「拒絕也沒關係」的想法占了五〇％。

或許對方並未察覺到邀請方「拒絕也沒關係」的訊息，但假如你眞的希望對方參加，應該會用別的問法，不是嗎？

比方說，你現在從天橋的階梯摔了下來，腳骨折走不動。

剛好有路人經過，你想請人幫忙時，應該會說「請幫幫我」，而不是「您方便的話，可以幫幫我嗎？」

聽者可能無法仔細一字一句分析你說的話，但大腦會無意識地判斷那句話的眞心程度。

聽到「萬一您方便的話」，萬一便是萬分之一，也就是說對方的眞心程度是〇．〇一％。

「您可以幫幫我嗎？」的回答則是YES和NO二擇一，拒絕也沒關係，所以眞心程度可視爲五〇％。

「萬一您方便的話，可以幫幫我嗎？」是〇．〇一％×五〇％，所以眞心程度算下來是〇．〇〇五％。

因此，想要對方參加時，邀請得用眞心度高的詞彙「希望」，用「一起來」增進團體意識，更能傳達你的眞誠度。

優秀的參考範例

後輩：「前輩，下禮拜五晚上，我們約去賞櫻，希望您也一起來參加。」

POINT

邀請別人時，要誠意百分之百。

範例36 希望有空的人能幫忙時

✕ 常見的錯誤範例

下屬：「所長，其他人在做活動的準備很忙，這個資料可以麻煩您幫忙看一下，有哪些地方需要修改的嗎？」

所長：「抱歉，我也很忙！（這傢伙真沒禮貌耶）」

方法

36

「只想找你」的限定力量大

其他人都沒空所以只好找你的講法，對方會解釋爲自己的存在意義不被認同，而感到心情不好、失去幹勁。

也就是說，任何人都可以做到的事，不需要特別找我，找別人就可以。

相對於「誰都可以」，我們對「限定」沒有抵抗力。

想想看，期間限定或地方限定的商品，不總是讓人手滑買下去嗎？

或許是因爲買到限定商品，能帶來優越感。

但限定的力量，不僅限定於商品。

「唯有你」這句限定句也充滿力量。

聽到這句話，會讓人覺得自己的存在意義獲得了認同。

不是從眾多人當中隨便挑一個，「唯有你」這句限定用法能帶來認同感。

眾多人中只有自己獲得認可，限定的優越感會讓人感到愉快，願意爲對方採取行動。

「只想找你」「唯有你」的限定用法，要謹記在心。

優秀的參考範例

下屬：「所長！這個資料只有所長才知道要怎麼改，其他人都不會，可以麻煩您幫我看一下有哪些地方需要修改的嗎？」

POINT

拜託人時，要傳遞「唯有你」的訊息給對方。

範例 37

無論怎麼說，主管就是請不動

✕ 常見的錯誤範例

下屬：「課長，沒有資料我沒辦法統計，麻煩您一定要於每個月的19號提供A資料。」

課長：「喔喔，我知道我知道，期限內一定會提供的啦。」

方法 37

單刀直入問出解決對策

我們雖然有辦法強硬地叫後輩、同事或下屬做這個、做那個，但同樣的事情卻很難要求前輩、主管或客戶。

這時，有些人會詢問上位者沒做到的理由，「爲什麼資料沒有在期限內提交？」反而會惹怒對方。

又或是，被對方千奇百怪的理由給說服。

詢問做不到的理由，其實反而更難開口要求對方做到。

詢問做不到的理由，確實是解決方法之一，但與其花費時間追根究柢，不如**直接問對方「有何解決對策」，反而更有效率**。

當別人對自己說「請這樣做」，會覺得受到壓迫，「爲什麼我要被這乳臭未乾的小子指使」，不滿的情緒增加，最後失去動力。

不如以**「我好困擾，您是唯一能幫忙的人」**的立場，向對方商量求教。

當人受到委託，會覺得自己比其他人還受到信賴，將其解釋爲自己的存在價值獲得了認同。

像這樣稍微在表達上下點工夫，讓你感到煩惱的元兇，就會主動思考該怎麼做，並採取行動，這麼好用的方法沒有不用的道理。

再怎麼樣也不要問對方：「要怎麼做你才有辦法提供資料呢？」

這樣聽起來會讓人覺得是在拐彎抹角地暗指「都是你的錯」，帶來反效果。

試著以求助的角度，詢問該怎麼做，才能解決問題。

優秀的參考範例

下屬：「課長，我想商量一下。拿不到A資料，讓我有點困擾。唯有課長才有辦法幫忙，其他人都不知道怎麼做。請問我該怎麼辦才好呢？」

POINT

直接問對方「該怎麼做才好」最快。

範例 38

明明指示得很清楚，卻頻頻出包……

✕ 常見的錯誤範例

同事A：「既然進貨延誤了，就先去盤點一下倉庫的促銷品。」

同事B：「好啦好啦。（為什麼我要聽你的指示）」

方法 38

讓所有人都責任在己的激勵法

大部分的人都不喜歡被命令。但很多人不喜歡被命令，卻很喜歡命令別人做事情。

被別人命令做這個、做那個，會產生抗拒的心理，覺得自己受到壓迫而不得不做。

如此一來，做起事來心不甘情不願的，難以做出什麼好成果。

而且按照指示做事，假如結果不好，很容易在心中怪罪對方，覺得都是下指令的人的錯。

自己是因為被命令不得不做，只不過奉旨行事，成果不如意都是因為別人指令下得不夠好。

因此會認爲失敗的責任不在自己，而是下指令的人。

爲了避免這種情況產生，請人做事時，不要讓人覺得身不由己、勉爲其難，要讓對方覺得是他自己選擇主動，感受到責任。

也就是說，**向對方傳達行動或不行動兩種選擇項。**

比方說：

「這個垃圾可以請你拿去那邊的垃圾桶丟掉嗎？」

這種問法有拒絕的選項，不會有心不甘情不願的情況發生，而是讓對方自己選擇行動。

「可以請你讓座嗎？」比「請你讓座」好。

「可以請你去一趟銀行嗎？」比「請你去銀行」好。

既然希望對方採取行動，不如在傳達時給予對方選項，讓他覺得是自己做的決定，而感到有責任。

優秀的參考範例

同事A：「既然進貨延誤了，可以麻煩你先去盤點一下倉庫的促銷品嗎？」

POINT

提供選項，增進對方的責任感。

範例 39

意見不吸引人，對方就不領情

× 常見的錯誤範例

下屬：**「資料室的位置應該要改一下，讓動線變得更友善。」**

主管：「至今都沒發生過什麼問題，維持現狀就可以了。」

方法

39

因為所以法，利用具體例

「這樣做比較好」「希望別人那樣做」，我們經常在提供意見。如何正當化自己的意見，是讓提案獲得採納非常重要的環節。只不過，再怎麼努力正當化自己的意見，假如對方一點也不覺得重要，可能一句「喔，這樣喔」就結束了。

這裡讓我們嘗試進階的表達方式，盡可能讓對方不自覺「啊啊」「原來如此」地點頭同意，進而採取行動。

首先，希望達成什麼目標、希望別人怎麼做等要求和提案，要謙虛地表達，避免使用「應該」一詞。

例如：「改變資料室的位置，可以讓動線變得更友善。」

提出期望後，接著說明理由何在：

「**因為**大家必須從一樓移動到二樓，然後走到三樓深處，才有辦法抵達資料室。」

如果不知道爲何需要改變，沒人認同問題的存在，便很難馬上回應你的請求。

再者，爲了提高對方接納提案的機率，可以再添加具體例。

「**舉例來說**，把二樓電梯出來對面的房間改成資料室，可以縮短全公司的員工前往資料室的移動時間，也可減少勞力。」

相較於只說明理由，舉例來說明具體做法，讓人更好理解你的提案。

最後，再次傳達你的請求。

「所以，改變資料室的位置，可以讓動線變得更友善。」

這個方法一般稱爲「PREP法」（Point、Reason、Example、Point），把它當作是一個表達框架**因為所以法**來熟記，能增進現場的應用。

優秀的參考範例

下屬：「改變資料室的位置，可以讓動線變得更友善。因為大家必須從一樓移動到二樓，然後走到三樓深處，才有辦法抵達資料室。具體來說，假如把一樓電梯出來對面的房間改成資料室，可以縮短全公司的員工前往資料室的移動時間，也可減少勞力。所以，改變資料室的位置，可以讓動線變得更友善。」

POINT

利用因爲所以法，增進大家對提案的理解。

後記

溝通要以對方為主體

疫情鬆綁，人與人之間的關係又突然變得密切頻繁。

也因爲如此，找我商量人際關係不融洽的煩惱，或是想提高溝通能力等諮詢越來越多。

但communication究竟是什麼呢？

這個問題本書內文也提出過。如前述，針對這個問題，每個人的回答都不太一樣，但查詢各種辭典可以發現，communication簡單來說就是**「傳達」**。

也就是說，**提高表達能力，便能提高溝通能力**。

如本書不斷重複強調的，想把自己的想法傳達給對方，就必須以對方爲主體來思考，例如：「我這樣說對方好理解嗎？」「對方會怎麼解釋我說的話？」

其實過去我的溝通能力低落，在公司上班時人際關係不佳，常常跟人起衝突。比方說，同事工作進展不順，情緒低落時，我卻拚命地跟他說：「你這樣做不好，應該要這樣。」

雖然我是出於一片好意，但是對對方來說，他又沒有拜託我給意見，反而造成別人的困擾。

- 設身處地，推己及人。
- 己所不欲，勿施於人。

學校都這樣教我們，但仔細想想，這些想法都是「以自己爲主體」。

以自己爲主體跟人溝通，是不可能溝通出什麼好結果的。

- 自己覺得高興的事情，對方會覺得高興嗎？
- 自己覺得不高興的事情，對方會覺得不高興嗎？
- 怎麼做，對方才會覺得高興呢？

像這樣**以對方為主體思考，而不是以自己為中心，溝通起來才能順暢無阻**。

不是「好好說話」，而是要「配合對方的速度說話」。
不是「笑顏常開」，而是要「配合對方的表情」。

像這樣爲對方著想的表達方式，能讓你的人際關係變得更融洽。
而融洽的人際關係，能爲你帶來更好的工作成果、更豐富美好的人生。
最後，誠摯地感謝你閱讀到最後。
衷心期盼各位，運用本書介紹的方法磨練表達能力，讓自己變得更有自信，活躍於各界。

Eurasian Publishing Group
圓神出版事業機構
用心與你對話．視野無限寬廣
方智出版社
Fine Press
www.booklife.com.tw
reader@mail.eurasian.com.tw
生涯智庫 219

一分鐘講清楚：從此不再被問「你到底想說什麼？」

作　　者／沖本留里子
譯　　者／謝敏怡
發 行 人／簡志忠
出 版 者／方智出版社股份有限公司
地　　址／臺北市南京東路四段50號6樓之1
電　　話／（02）2579-6600．2579-8800．2570-3939
傳　　真／（02）2579-0338．2577-3220．2570-3636
副 社 長／陳秋月
副總編輯／賴良珠
主　　編／黃淑雲
責任編輯／胡靜佳
校　　對／胡靜佳．林振宏
美術編輯／金益健
行銷企畫／陳禹伶．蔡謹竹
印務統籌／劉鳳剛．高榮祥
監　　印／高榮祥
排　　版／杜易蓉
經 銷 商／叩應股份有限公司
郵撥帳號／18707239
法律顧問／圓神出版事業機構法律顧問　蕭雄淋律師
印　　刷／祥峰印刷廠
2024年7月　初版

定價300元　ISBN 978-986-175-799-5

「你要對自己的『舒適度』敏感一點。
最好盡一切努力，讓自己保持在舒適的狀態。」

——《設計好心情》

國家圖書館出版品預行編目資料

一分鐘講清楚：從此不再被問「你到底想說什麼？」
／沖本留里子 著；謝敏怡 譯 . -- 初版 . -- 台北市：
方智出版社股份有限公司，2024.7
208 面；14.8×20.8公分 --（生涯智庫；219）

ISBN 978-986-175-799-5（平裝）

1.CST：溝通技巧　2.CST：說話藝術

177.1　　113006350